昭和二十一年八月の絵日記

山中和子
養老孟司✣解説

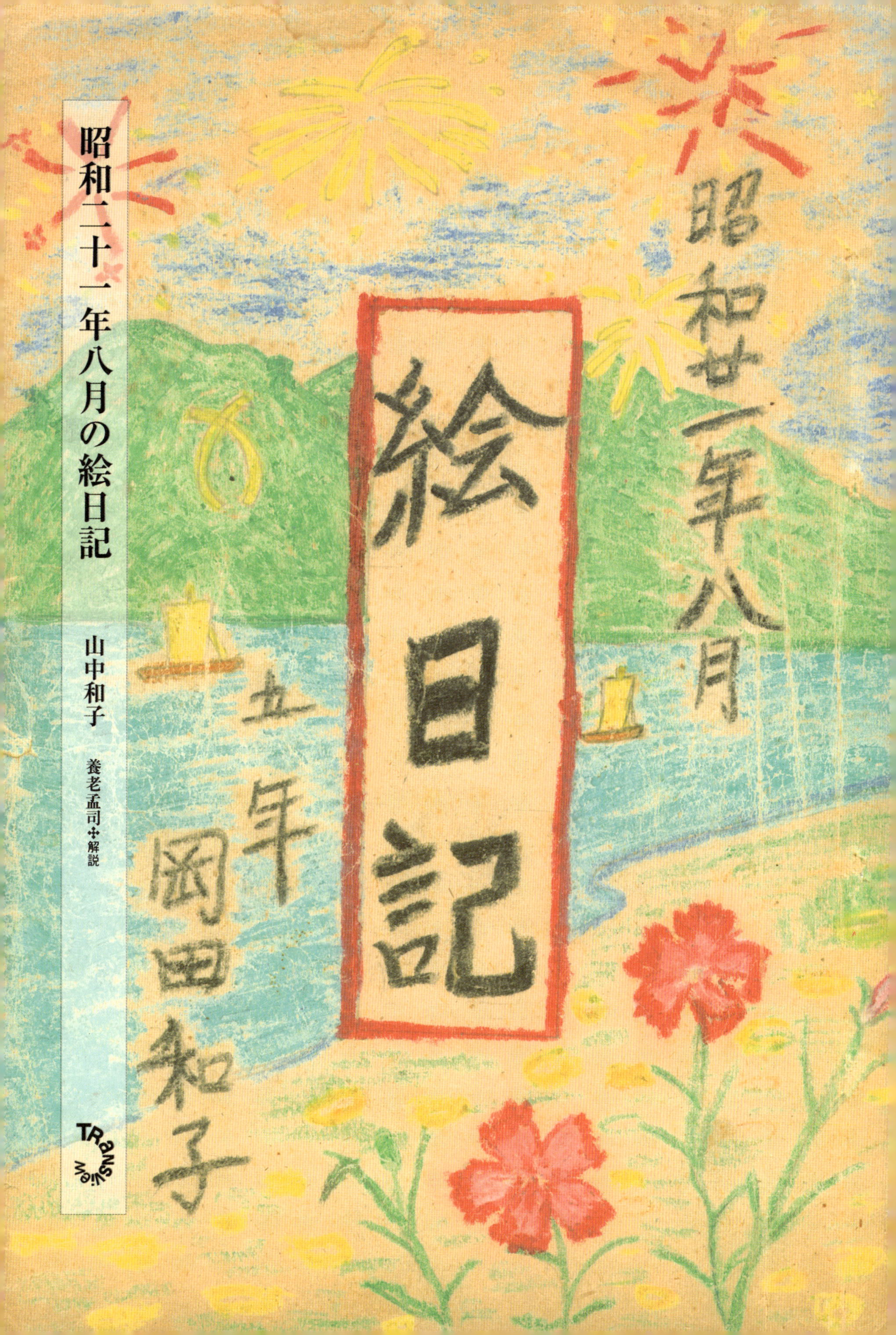

装幀　高麗隆彦

七月二十一日　日曜日（晴）

今日は、とてもよいお天氣でした。午後から、伊丹へ父と一しよに買ひ物に行きました。何も買ってなかったので、歸へりに本屋へ行って本を買っていたゞきました。私は私のだいすきな本をよって「グリム童話集」の本をかっていたゞきました。

作日からお中がいたくてねてゐる母も、ね床の中で新聞を續んでゐました。母がねてゐる間は皆一生けんめいお手つだひました。母は、とても喜んで下さいましたので私はうれしく思ひました。母は、にこにこ顔でした。今日からたのしい夏体みです。

七月二十二日　月曜日（晴）

今日は、學校へ行く日でした。朝からとてもよいお天氣でした。いつものやうに三時間でべんきやうは終りでした。林間學校のやうに、ぶじだなの下でべんきやうをしました。先生が時々お話をして下さいました。とてもたのしく出來ました。いつもここでべんきやうがしたいなあと私は思ひました。歸へる時皆で「今日のべんきやうはおも白かったね」といひながら學校の校門を出て行きました。

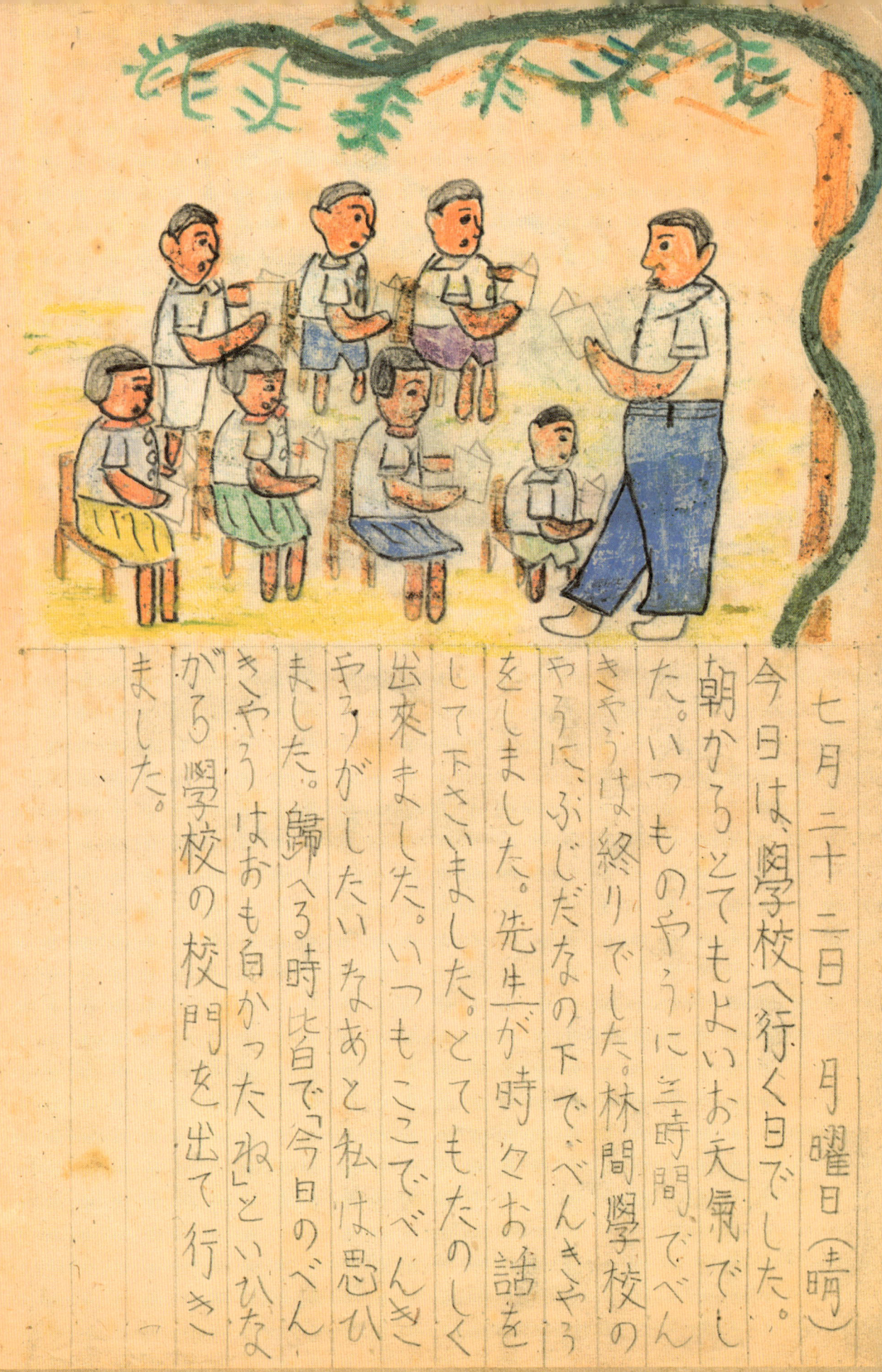

七月二十三日　火曜日（晴）
けさお起て見ると、私の作って
ゐるはたけから青うりを二つ取
りました。一つは太い所のまは
りが三十糎で長さは四十糎と
いふすばらしいうりがとれま
した。朝さっそくそのうりを、
しをもみにしていただきまし
たとてもおいしくほっぺたがお
ちさうでした。わらの下になっ
てゐるほうは、白く上になってい
る方は、青々としてゐました。
せめて二十五六ぐらい取れた
らたいしたものだと私は感心
しました。

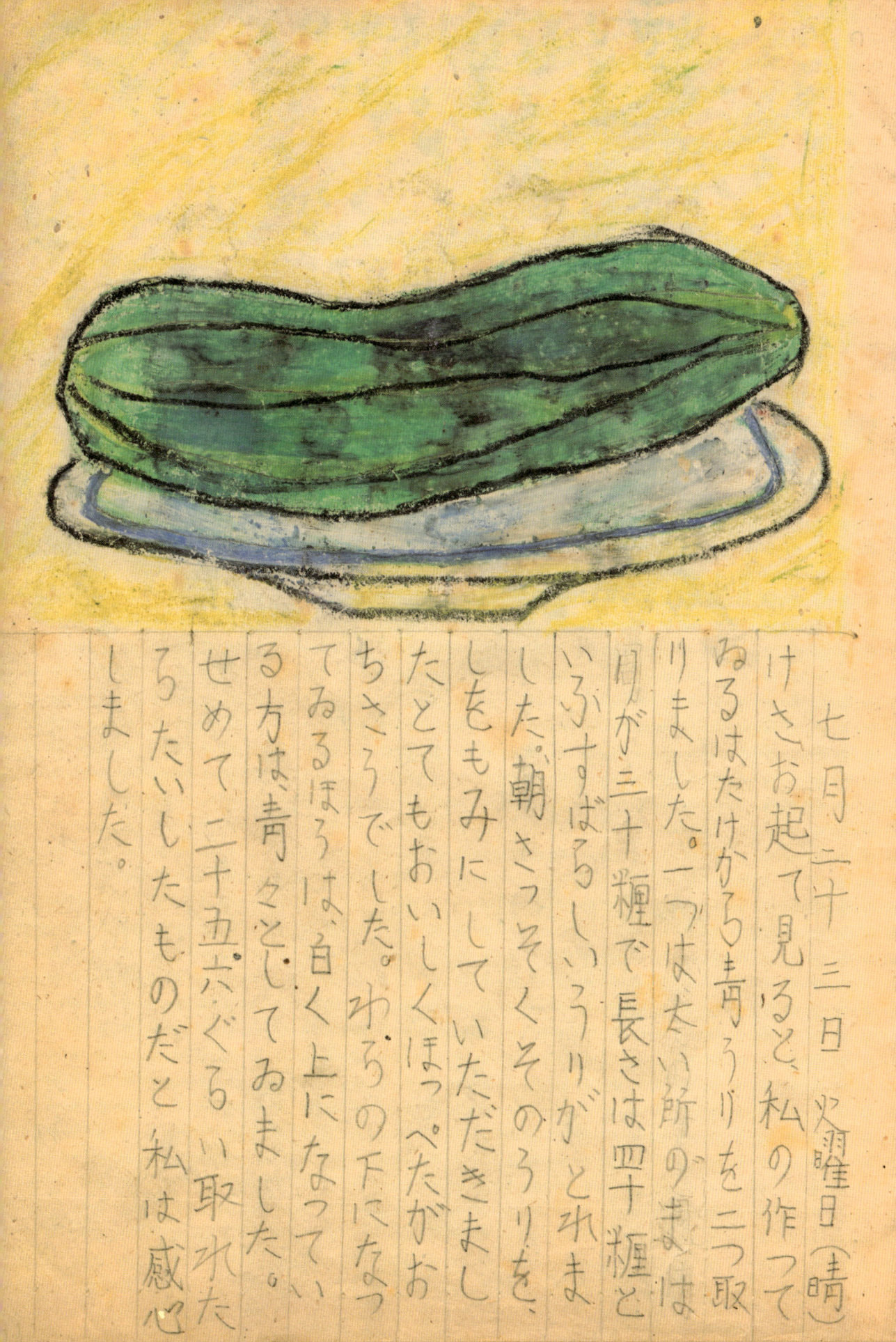

七月二十四日水曜日（晴）

毎日あつい日がつづいてだらけて来ます。はたけのきうり・茄子・トマトなどはやけつくやうでした。そのかはり、田んぼの稲は、ぐんぐんのびて来ました。お百しやうさんは、毎日せっせと草取りをしてゐます。

私の家の稲はおそくうえたのであまりのびてゐません。けれども母は草取りでいそがしさうにしてゐます。すわるひまは、ほとんどないやうでした。

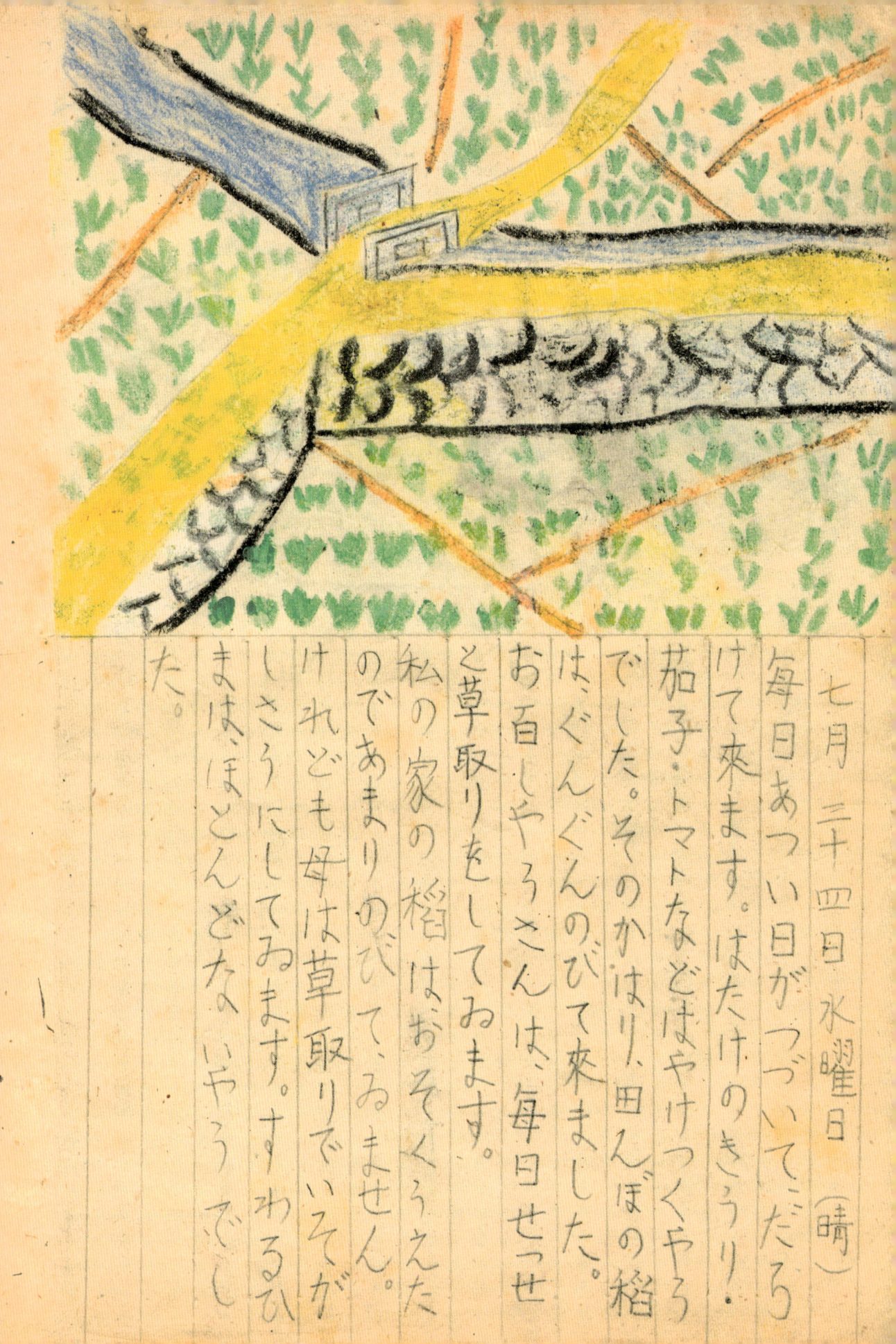

七月二十五日木曜日（晴）

今日も又よいお天氣でした。ひさしぶりのお風呂へはいってからだがさらりとしました。外へうちはを持ってすゞみに行きました。今日はとても、涼しいのでうちはは、いらないくらいでした。稲がさらさら音を立ててゐます。とてもきもちよく感じられました。

お兄さんは、七時八時にもなっても歸って來ませんでした。明石へ野球のおうえんに行ったのです。私がねてから九時ごろに歸へって來ました。

七月二十六日金曜日(晴)

今日午後から「パン」のはいきゅうがありました。一個三十六匁で、三十六銭でした。一人三個づつでした。久しぶりに「パン」をいただいたのでほんたうたおいしいでした。私の家は五人家ぞくで十五個パンがあたりました。十五個あったパンを一日で食べてしまひました。とてもお中が張りました。私は、パンが一ばん大すきです。

七月二十七日 土曜日 (晴)

今日は、久しぶりに大へん涼しいでした。

夕方方あまりに氣持がいいので父と母と私とでさんぽに行きました。家を離れるほど涼しくなって來ました。山のふもとの家にでんきがつくと、まるでほたるのやうでした。あしたは、くもりのやうな空でした。

そろそろ家へ歸りました。今日は、秋のやうに涼しいでした。

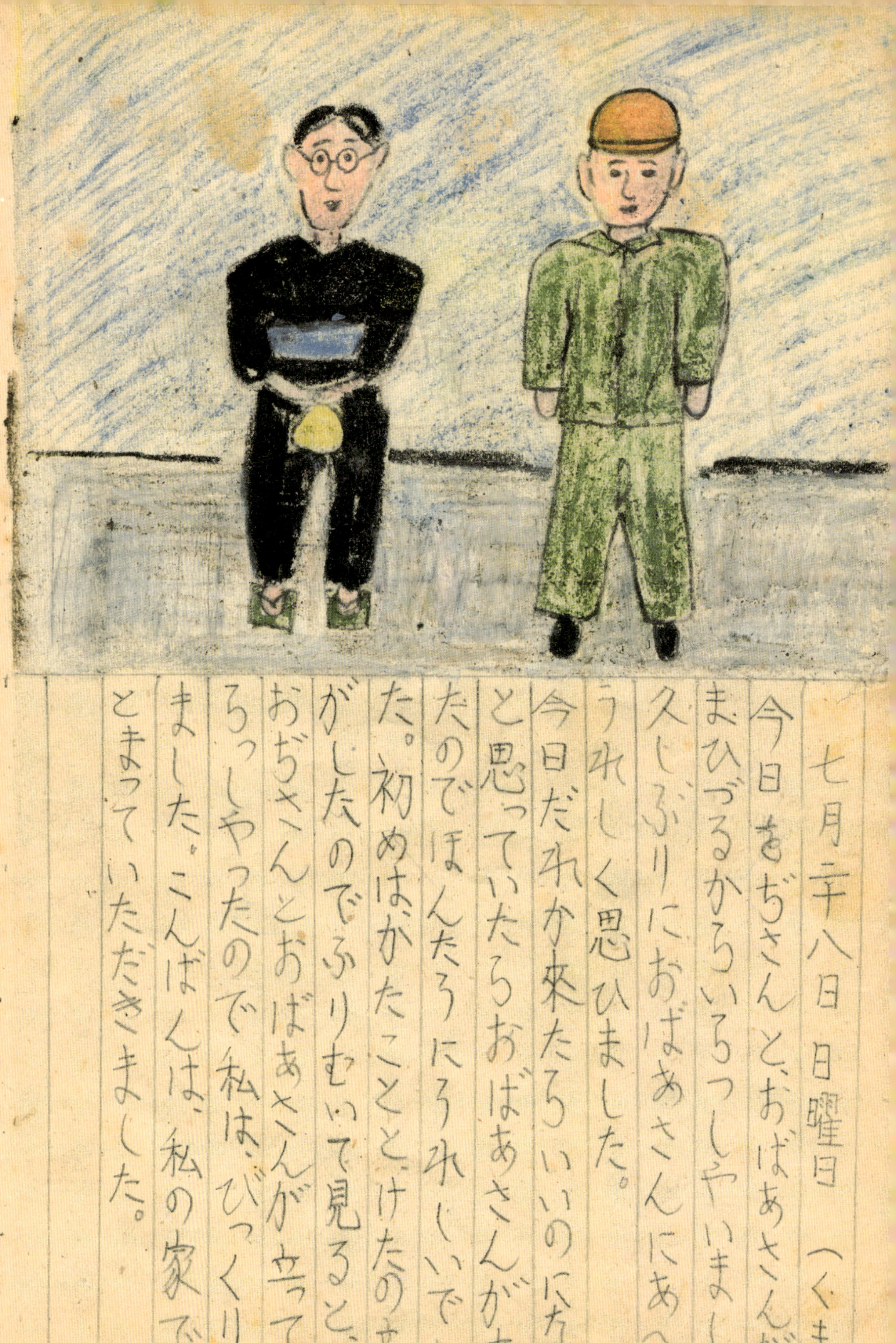

七月二十八日 日曜日 （くもり）
今日をぢさんと、おばあさんが
まひづるからいらっしゃいました
久しぶりにおばあさんにあへて
うれしく思ひました。
今日だれか來たらいいのになあ
と思っていたらおばあさんが來
たのでほんたうにうれしいでし
た。初めはかたことと、げたの音
がしたのでふりむいて見ると、
おぢさんとおばあさんが立ってい
らっしゃったので私は、びっくりし
ました。こんばんは、私の家で
とまっていただきました。

七月二十九日月曜日(雨)
作日一日だけとまってかへったおばあさんも今日まひずるへお歸へりになりました。
今日も一日雨でした。部屋の中でお兄さんと一しょに本をよんだりお話をしていただきました。雨の一日でもほんたうに愉快でした。
をぢさんとおばあさんは、まひずるへもう歸ってゐるでせうか。もう一度おばあさんにあひたいと思ひました。

七月 三十日 火曜日 (雨)

今日も、いぶべの大雨と風とではたけのやさいが、倒れてゐました。とくにトマトはむちゃくちゃになってゐました。父が立てなほしても、じきにこけてしまひました。

鳥小屋のにはとりも、とまり木にとまって、ねむたさうにしてゐました。

もうあしたぐらゐは、天氣になるだらうと私は、思ひました。

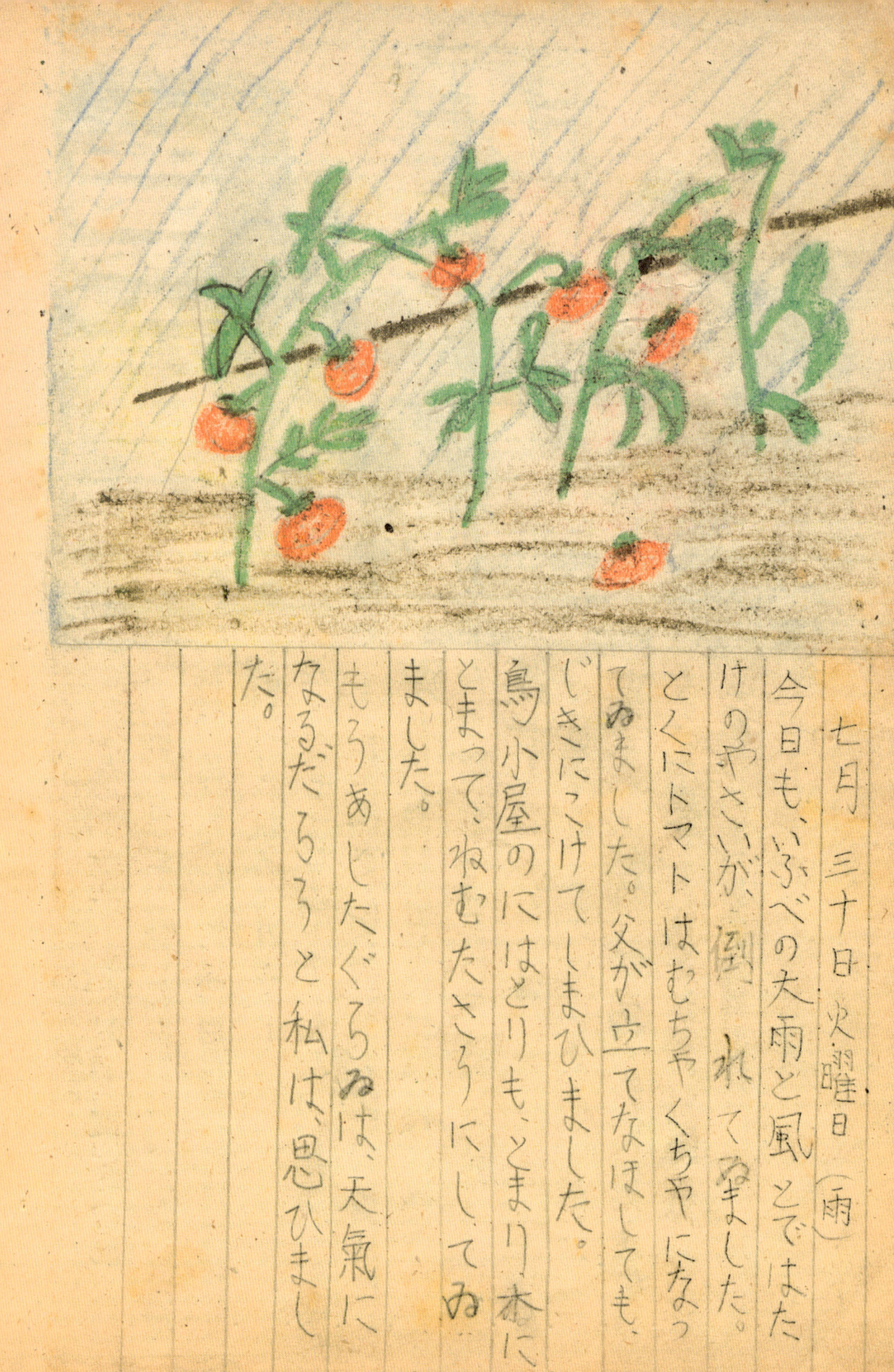

七月三十一日水曜日・(曇)

今日は、母がいそがしくしていたので私が、自分のやうふくを二枚洗ひました。

けさなしうりが二つと青うりが二つ取れました。なしうりは、とてもあまくすかすかしておいしいでした。夕食の後でただきました。

毎日、こんなおいしいなしうりが食べたいと私は思ひました。

八月一日　木曜日（晴曇）
今日九時ごろアメリカのB29
が三十きほどへんたいをつくって
やけ後を見に来ました。
ゆっくりゆっくりとぶひかう
きの上からやけ後を寫眞に
うつしたでせうか。?
それとも、やけあとを、一生
けんめい見たでせろか。
みんながめずらしさう
にひかうきを見ました。
先生も見られました。

八月一日　金曜日

今日は、學校へパンやききを作りました。

家へ歸ってしまいましたが、こうどがなかったのでアイロンのせんをいろ〱考へてしました。一回めはきれいに出來ましたが、二回めはパンの中がぢやくでしたのでフライパンでやきました。岡先生にならった時は、とてもうれしく早く家へかへってやきたいと思ひましたがかへってしたらやけてなかったので私はがっかりしました。

八月三日　土曜日（晴曇）

丹波で、おせわになった、かつみさんがいらっしゃいました。「ごんたちは」と聲がしたので出て見るとかつみさんが、にこにこ笑ってはいっていらっしゃいました。

晝からかつみさんと母と私とで西宮北口へえいがを見に行きました。えいがかんは、まるでむせるやうなあつさでありました。かつみさんは去年の九月に復員されて、私たちに、大へんしんせつにして下さったのです。

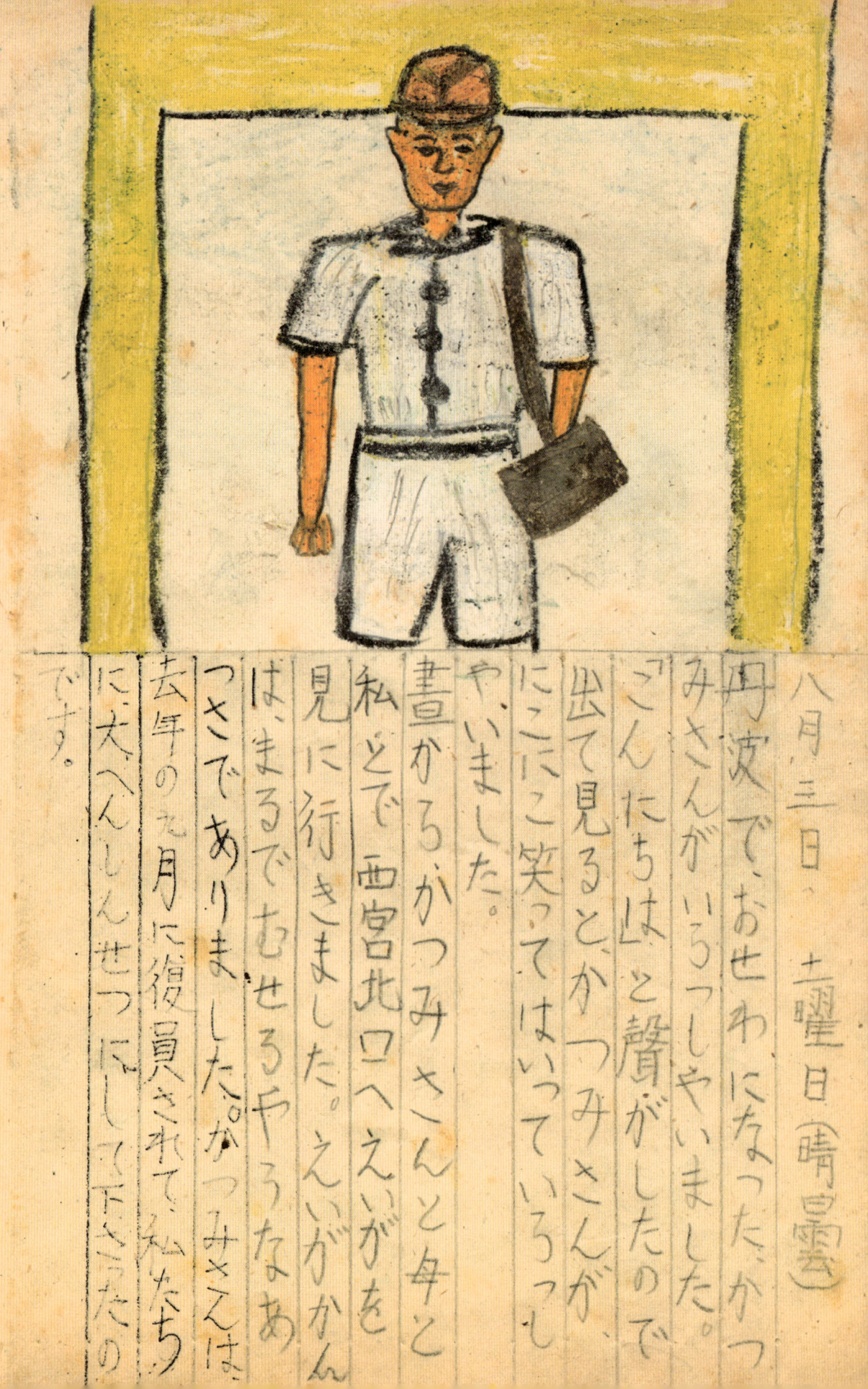

八月四日 日曜日（曇晴）

今日は少し曇ってゐましたが、姉さんと兄さんは、六甲山へ植物採集に行きました。その後でお父さんの會社の社長さんと姫路から叔父さんがいらっしゃいました。叔父さんはずゐぶん家をさがされたさうです。畠に出来た黄色い梨瓜を食べていただきました。甘くて大へんおいしかったさうです。かつみさんが歸られるので、省線の伊丹驛まで、母といっしょに送って行きました。かつみさんは「おいもが取れるころには、和ちゃんきっとおいでよ。」と、いって汽車の窓から手を振りながら歸られました。

八月五日 月曜日 (晴)

叔父さんは昨夜おとまりになりました。叔父さんはお父さんの弟ですから、夜おそくまで親しさうに話しておられました。そして今朝歸へられました。學校へ行きました。今日から植物採集を始めました。よもぎ、あれ地野菊、ゑのころ草、露路草みやまなでしこなどを新聞紙にはさんでおしをしました。植物採集は、根・花・茎・葉・實もてよにおして、毎日、新聞紙をとりかへるのださうです。

八月六日　火曜日（晴）

今日は大へん暑いでした。

母に小布をいただいてお人形を作りました。始めは頭を作りました。顔にしはのないやうに少し丸くらいに作りました。次にどうを作りました。どうは直ぐ出来ました。次に手と足を作りました。手の長さが四糎、足の長さが五糎、手のはばを五ミリ、足のはばを八ミリにしました。手と足をどうにぬいつけました。もも色の布で帽子を作ってきせました。洋服は赤と青のごばん目のでしました。スカートは黄色でじました。洋服とスカートの間に白いリボンをつけました。とてもかはいらしいのが出来ました。

八月七日 水曜日 (晴)

今日も又とてもよいお天氣でした。お母さんが今日は、とてもいそがしさうなので、洗だく物にアイロンをあてました。夕方に、庭のすみの笹をきって、七夕樣をおまつりしました。はんしをきって、たんざくを作りました。畠に出來た茄子きうリトマト、なしうりなどをそなへました。空は、少し曇ってゐますが月も星も出てゐます。時々少しの風が吹いて來て笹の葉がさらさらと音を立てます。

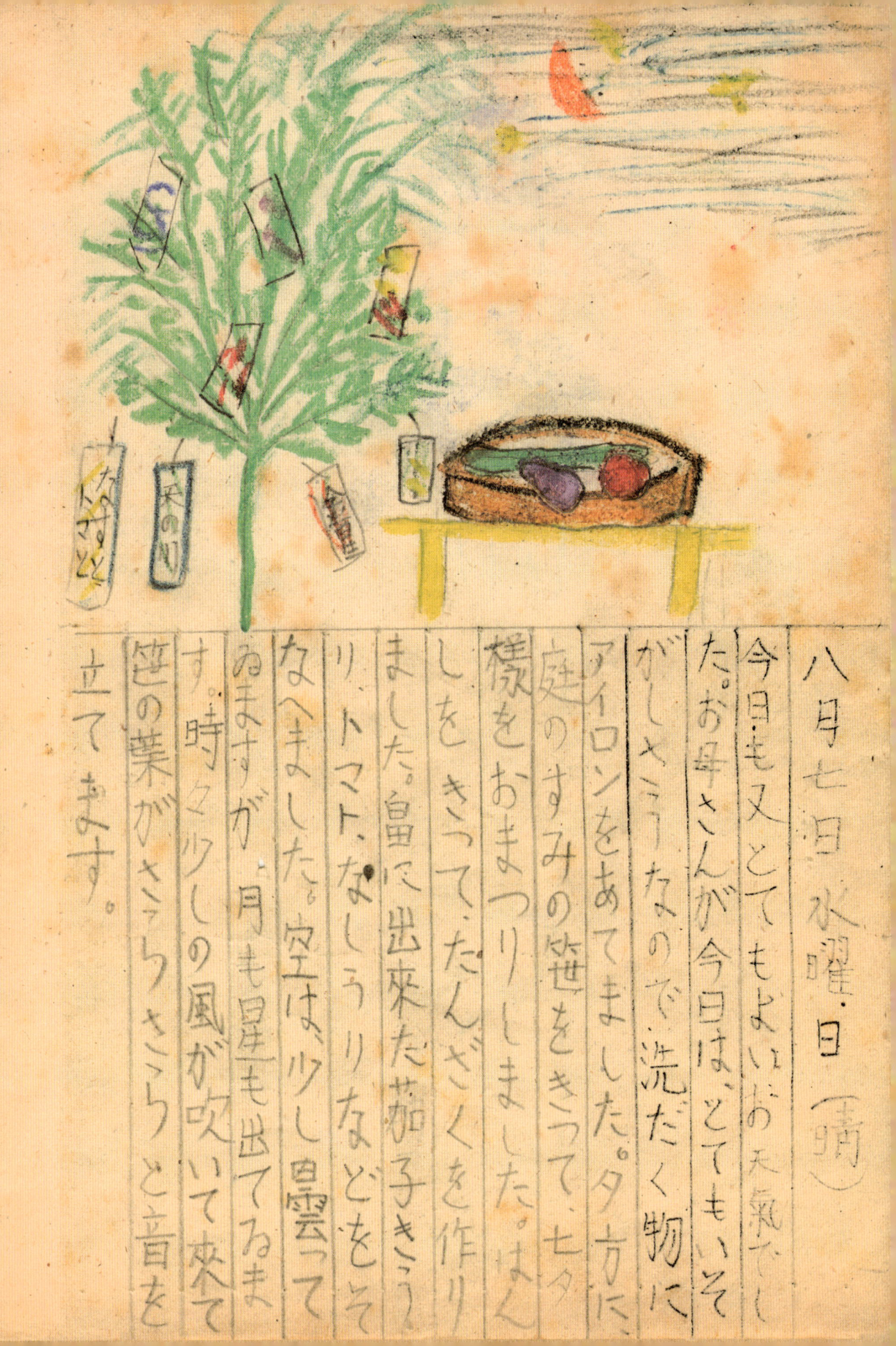

立秋

なんばきびもぐんぐん大きくなって來ました。

八月八日　木曜日　(晴)

學校へ行きました。算數のプリントに、字のはっきりしないきえかかった所を先生に教へていただきました。このごろは大へん暑いので電車の中も、人がこんでゐる時は、むし暑くて息苦しいほどです。私はいつも、お晝前に家へ歸ると、汗でびっしよりぬれて、おなかがすいて、とてもしんどいです。今朝、私の作った梨瓜が二つ取れました。夕食後皆でいただきました。「日がくれると、涼風が吹いてだいぶ涼しくなって來たね。今日は立秋だったね。」と、お父さんがおっしやいました。

八月九日　金曜日（晴）

今日は、朝からしんどく何も食べたくありませんでした。べんきやうも少ししか出来ませんでした。ねころんでゐると晝ねをしてしまひました。おきてからは、少ししんどいのがなほりました。夕食も少しひかひめに食べました。夕食ば、ごはんだったので少しばかりからだがしやんとしたやうでした。晝ねからおきてにはとりにえさをやりました。

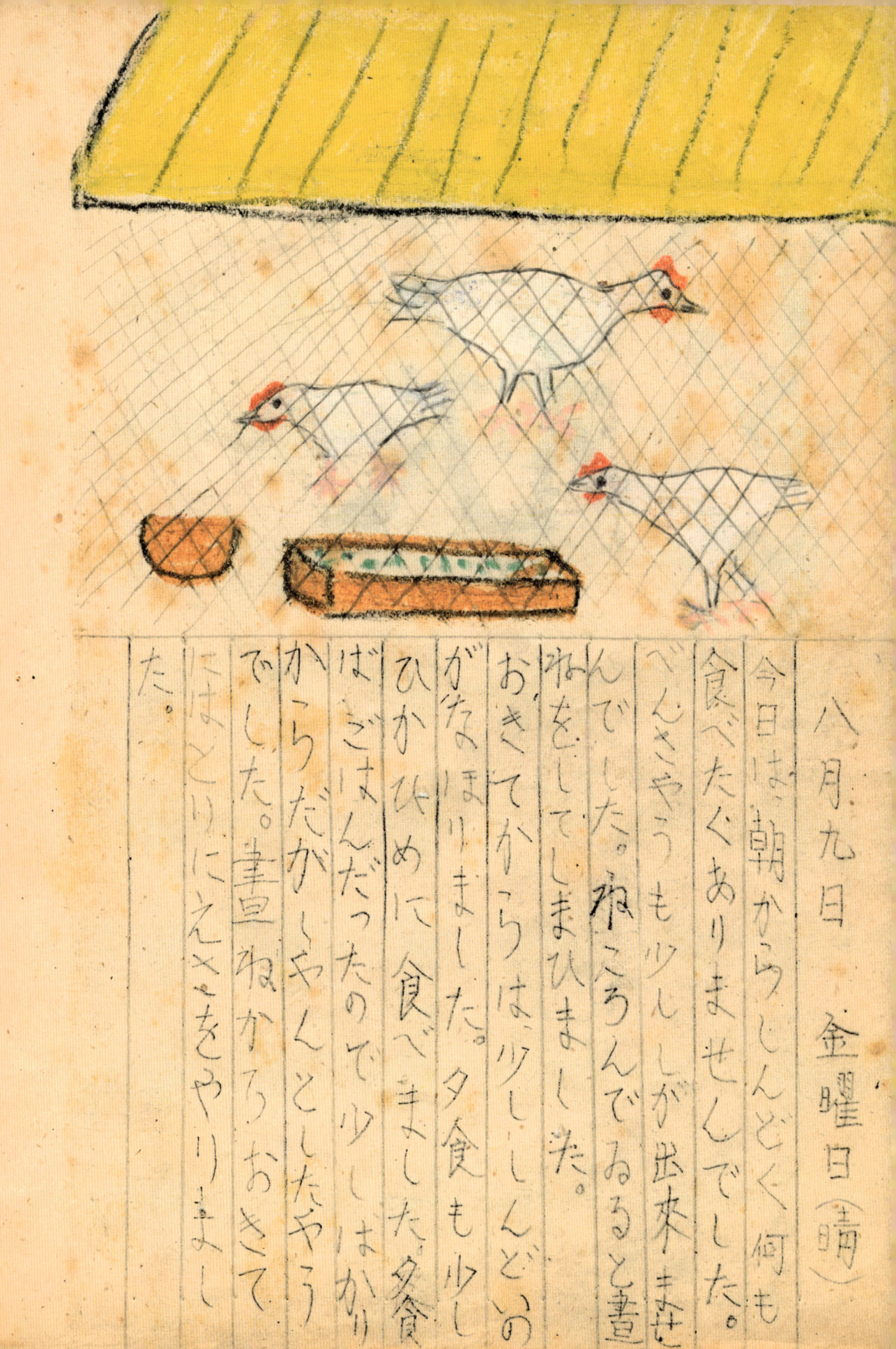

八月十日土曜日（曇）
今日はしゆくだいの圖畫を書きました。「夏」といふ字を、紙一ぱいに書いて涼しさうな絵を周りに書くのでした。
私は、川の上にうつまきをかいて、水草をかきました。赤とんぼをとばして、にゆうどう雲をかきました。「夏」といふ文字は薄い水色の色でぬつて、こい青でふち取りをしました。出來あがつてから皆にみてもらふとき、「秋」のやうな感じがしました。

八月十一日日曜日（晴）

今日は、朝からお父さゝんが、きうりを、ぬいて、下さゝいました。なんきゝんの茎・葉を取って虫のゐないやうにしました。お母さんは、田んぼの草取をなさいました。暑いく〱書間のかんかんでりの時一生けんめいお母さんは、草を、おぬきゝになりました。

私は、家にゐていつもの通り書御飯のしたくをしたりべんきゝやうをしました。青いいねが三十糎ぐらいにのびてきゝました。

頭に皆、赤い手ぬぐひをかぶってゐます

八月十二日　月曜日・晴

朝早くから、お母さんは、神社へおつかひに行きましたので、お晝は、姉さんが、だい用食を作りましたので私も手つだひました。夕方、近くのお宮で盆をどりがありました。太この音が聞えて来ます。お母さんと、姉さんと兄さんとで見に行きました思ひ〳〵の美しいゆかたをきたた人、ずぼんをはいた人、シャツ一枚の人、洋服を來た人達が、太こに合せてをどりました。見てゐる人もなか〳〵大勢でした。空には美しい月が出てゐました。お父さんも後から見にこられました。

八月十三日　火曜日　晴

今日がお盆《ボン》なので作日佛《ホトケ》様をきれいに掃除しておきました。朝、庭の花をきって立て、トマトをそなへました。お母さんは夕方、おだんごを作っておそなへになりました。ささやかながら心から佛様をおまつりしました。夕方親類の叔母様が廣ちゃんをつれてお見えになりました。叔母様は、葡萄をそなへて下さいました。今日は、お盆だったので夜おそくまでおきてゐました。叔母様と廣ちゃんは、おとまりになりました。

八月十四日　水曜日（晴）

今日は夕方に大きな南瓜が二つ取れました八百めほどありました。今まででも四つぐらい取れました。南瓜は大きなのを作らうと思ったら、日のよくあたる風通しのいい所につくらないと大きなのは出来ないさうです。いくら出来が悪いといつても十い上は出来ると家でも思ってゐます。冬になってもおけるほどたくさん取れたらいいなあと私は思ってゐます。

八月十五日　木曜日　晴

円波で長い間お世話になった大木さんの家へはかまゐりに行きました。朝一番の汽車で行きました。一番の汽車は七時十一分の汽車でした。姉におくられて、母と一しょに行きました。七時十一分の汽車は、お盆なのでとても、こんでゐて乗れなかったので八時五十七分で行くことにしました。この汽車は少しすいてゐました。すいてゐても三田あたりまでずっと立ちどほしでした。いくつもとんねるをとほってやっと、円波へつきました。今日は、終戦一週年き念日であった。

八月十六日　金曜日　時

伏見宮博恭王殿下は十六日、午前九時三十八分東京都で薨去あそばされました。殿下は、六月ごろから御病氣でした。日露戰爭に從軍され黄海海戰で負傷せられました。色々のお役につかれ、大正十一年元帥になられました。御重體の時、三陛下からぶどう酒を御下賜になりました。殿下の御殿は、戰災され三條公爵邸でさびしく御くらしになつてゐられたさうです。天皇陛下は三日間、宮中喪を仰せいだされました。御年は七十二歳でした。

八月十七日土曜日（晴）

お母さんが大阪へ行かれました。私もつれていって下さいといひましたが大阪はこのごろコレラが、はやってゐるので子供は行かぬ方がよいといはれましたからお姉さんとまってゐました。お母さんが阪急でイーストをかって来てパンを作って下さいました。よくふくれたパンが出來ました。昨日から、野球が始ってゐるので、電車は、どれもこれも、まゐんだったさうです。台風が、近づいて來たさうで今日の暑さは又かくべつでした。お兄さんのシャツとくつ下を洗ってあげました。

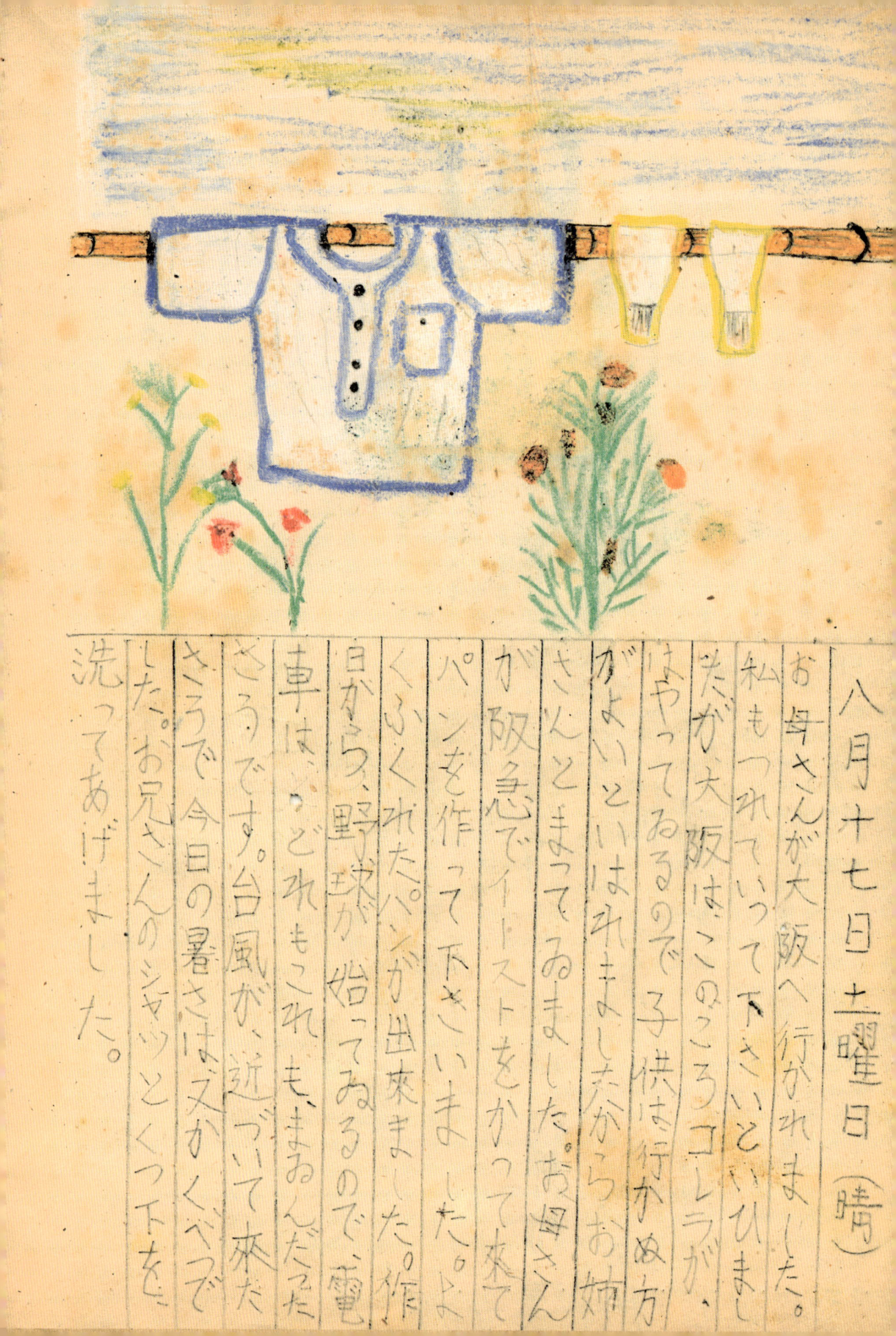

八月十八日　日曜日　晴

お姉さんにお教へてもらって採集した植物を、画用紙に張りつけました。始めはなかなか出来ませんでしたが、だんだん上手に出来ました。

台風は、今夜、夜中頃、本土へ上陸するとラジオで放送しました。夕方お父さんと本屋へ行って「夢を売るお父さん」をかって頂きました。どうしたのか大へんしんどくて、早くねました。

八月十九日　月曜日（曇雨）

今日は、朝のうちは、晴れてゐましたが新聞などでは颱風が來るかもしれないといはれてゐました。けれども、お姉さんは學校の作業で朝早くから出かけられました。

今日は學校へ行く日で、私も行かうと思ひましたけれども、昨夜しんどかったのが今朝になったら頭が痛くて起きられないので、今日は學校を、休みました。一日何もせず、ねてゐました。「お友達は皆どうしてゐるだらうなあ」と思って今日學校へ行けなかったのが殘念でした。

八月二十日　火曜日　曇

昨日一日ねたので今日は、もうなほったやうです。今にも颱風が来るかと思はれるぐっらい空が曇ってゐました。お母さんとお姉さんは大阪の阪急へ買ひ物に行かれました。パン焼器を買ひに行かれたのですが、もの凄い人出買へなかったと言ってお晝頃帰ってこられました。私がお晝の御飯ごしらへをしておいたので大へん喜ばれました。颱風は、西九州をかすめて北上したさうです。

八月二十一日　水曜日（晴）

今日はとてもよいお天氣でした昨日のお天氣も、今日はすっかりよくなり青空の上天氣でした隣保の大掃除の日です。朝から母と兄と姉と私と四人でしました。疊をすっかりあげてたたき、ふき掃除をしました。本だなもかたづけました。私も一生けんめいお手傳ひをしましたすっかりすむと汗びっしょりになりましたが家の中が美しく大へんさっぱりして氣持がよくなりました。一生けんめい働くことは大へん氣持のよいものだと思ひました。

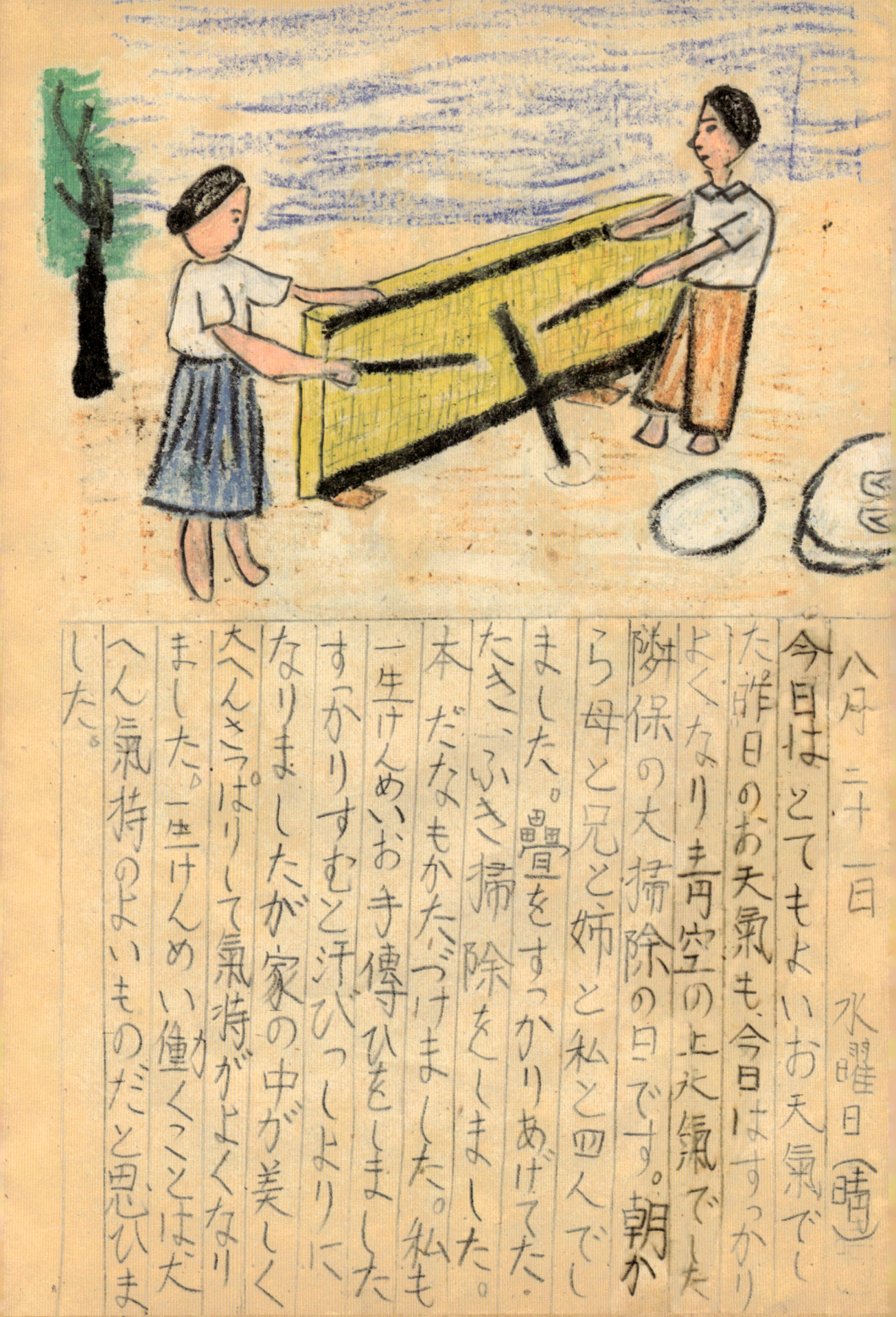

八月二十二日木曜日（晴）

學校へ行く日でした。姉さんが、神戸の叔母さんの家へミシンを、かけに行ったので一しょに出かけました。學校では、字習しました。歸りに叔母さんの家へよって一しょに歸りました。長い間學校へ行かなかったので少しつかれたので早くねました。

八月二十三日　金曜日（曇　雨）

朝から空が曇ってゐました。大へん涼しかったので裁縫をしました。お母さんに布をもらってかはいらしいエプロンを作りました。私に妹があったらさせてやりたいと思ひました。お晝前に少し雨がふりました。遠くで雷が鳴りました。夕方又空が急に曇って雨がふりさうになりました。大急で洗たく物を入れましたが雨はふりませんでした。夜は大へん涼しくなりました。十一月から主食が増配になるといふことが新聞に出てゐました。神戸にもコレラにかかった人が出来ました。

花壇の花をきつてガラスのびんにさしました。

八月二十四日 土曜日（曇晴）

毎日暑い日がつづきます。雨がふらないので、茄子もトマトも枯れさうになりました。梨瓜も青瓜もかさかさに枯れてしまひました。わづかにのこつたトマトが二つ三つうす赤く、茄子がはじけたやうな小さな實を、ところどころにつけてゐてとがらしだけは細長いもえたつやうな眞赤な實をたくさんつけてゐます。畠の横の花壇に黄色な花がたくさん咲いてゐます。コスモスと石竹にまじつてゐたたねで名前はわかりません。コスモスは、私のせいよりも高くのびました。

八月二十五日 日曜日（晴）

日曜日でお父さんもお休みです。お晝の代用食は皆のすきなドウナツでした。久しぶりで大へんおいしくいただけました。お晝からお父さんと姉さんが神戸へ行かれるので私もつれていってもらひました。もと町へ行きました。だん〱家が立ちかけて町らしくなりかけてゐました。めがね屋さんと、時計屋へ行きました。あづけてあったお父さんの時計のしゅうぜんが出來てゐました。鉛筆を買っていただきました。五時半ごろ歸へりました。

八月副食物配給表		食ベタヤサイ
牛肉	50匁	ナス
クジラ	250	キウリ
魚	200	南瓜
トマト	180	トマト
キウリ	180	ヂヤガイモ
粉コンブ	200	玉ネギ
		青ウリ
		イモヅル
		イモノハ

八月二十六日　月曜日（晴）

學校へ行きました。このごろ新聞に増配になることがかかれてあります。二合三勺、二合五勺、二合八勺、ある日は、三合など色々かかれてあります。

私の家では、八月に二日分のお米の配給がありました。御はんを、食べたのは、二・三回であとは、代用食ばかりでした。やさいでは、茄子、きうり、南瓜、トマト、ぢやがいも、青瓜、などを食べました。お魚は、一度だけ配給がありました。そのほかに、肉とくぢらが一回づつありました。お母さんは、毎日食事の仕たくに大へん骨がおれるさうです。

八月主食配給量

米	3.1	Kg	コノホカニパン十五コ
大麦	3.1		
小麦	6.5	24.7	
外麦	9.4		
粉	9.8		
ソウメン	2.8		
トウモロコシ	3.0		
グリンピース	5.9		
合計	43.6		

八月二十七日 火曜日 （晴）

朝早く主食の配給を、姉さんと取りに行きました。今日は、グリンピースと、つかない麦でした。「これでは、どうも……」とお母さんは、お隣のをばさんと一しょに粉屋さんへ行かれました。お書過ぎにやっと歸ってこられました。

學用品を、せいとんしました。

八月中の主食の配給量をしらべました。

八月二十八日水曜日（雨晴）

目がさめると雨がふってゐました。久しぶりの雨に草も木も田も畠も、思ふぞん分ぬれて、いかにも喜んでゐるやうに見えます。お百姓さんは「今一度雨がふったらよいのに。」といってゐた時ですから、どんなに作物によいかわかりません。晝まで涼しかったので習字をしました。午後はからりと晴れて暑くなりました。

八月二十九日木曜日　晴

學校へ行く日でした。今日は、お話をして上げるとゐってよその學校からお二人の先生がお見えになりました。この先生はお話やかみしばいの上手な先生でした。お話の後でかみしばいをして下さいました。一年生から六年生まで皆聞きました。かはいさうな所やおも白い所がたくさんありました。先生は「又いつかきて、お話をして上げます」と、いって歸られました。今日は、一日ほんたうに愉快でした。伊丹へ本をかひに行きました。

八月三十日 金曜日 （晴 曇）

今日は晴れたり曇ったりとても、涼しかったので、私は、自分の洋服を洗ひました。お母さんが「お風呂をわかしますから水を入れて下さい。」とおっしゃったので私は、お姉さんと一しょに水を入れました。

にはとりにえさをやりました。

「よくてつだってくれたね」といって、一番のお風呂へはいりました。とてもよい氣持がしました。

八月三十一日　土曜日(晴曇雨)

長い夏休みも、もうすみました夏休みの間家で重い病氣にかかった人は、一人もありません。晝から庭のすみにある草をぬいたり、草をかったり、どぶさうじをしたり、おさうじをしました。夕方に少し雨がふりました。今日で夏休みのしゅくだいを皆仕上げてしまひました。しゅくだいを皆したのでほっとしました。九月二日から二學きが始ります。二學きこそうんとがんばらうと私は思ってゐます。

七月二十一日　日曜日（晴）

今日はとてもよいお天気でした。午後から、伊丹へ父と一しょに買物に行きました。何も売ってなかったので、帰りに本屋へ行って本を買っていただきました。私は私のだいすきな本をよって「グリム童話集」の本を買っていただきました。

昨日からおなかがいたくてねている母も、ね床の中で新聞を読んでいました。母がねている間は皆一生けんめいお手つだいしました。母は、とても喜んで下さいましたので、私はうれしく思いました。母は、にこにこ顔でした。今日からたのしい夏休みです。

七月二十二日　月曜日（晴）

今日は、学校へ行く日でした。朝からとてもよいお天気でした。いつものように三時間で勉強は終わりでした。林間学校のように、ふじだなの下で、べんきょうをしました。先生が時々お話をして下さいました。とてもたのしく出来ました。いつもここでべんきょうがしたいなあと私は思いました。帰る時皆で「今日のべんきょうはおも白かったね」といいながら学校の校門を出て行きました。

七月二十三日　火曜日（晴）

けさ起きて見ると、私の作っているはたけから青うりを二つ取りました。一つは太い所のまわりが三十糎《センチ》で長さは四十糎《センチ》というすばらしいうりがとれました。朝さっそくそのうりを、しおもみにしていただきました。とてもおいしく、ほっぺたがおちそうでした。わらの下になっているほうは白く、上になっている方は青々としていました。せめて二十五、六ぐらい取れたらたいしたものだと私は感心しました。

七月二十四日　水曜日（晴）

毎日あつい日がつづいて、だらけて来ます。はたけのきうり・茄子・トマトなどはやけつくようでした。そのかわり、田んぼの稲は、ぐんぐんのびて来ました。お百しょうさんは、毎日せっせと草取りをしています。

私の家の稲は、おそくうえたのであまりのびていません。けれども母は草取りでいそがしそうにしています。すわるひまは、ほとんどないようでした。

七月二十五日　木曜日（晴）

今日も又よいお天気でした。ひさしぶりのお風呂へはいってからだがさらりとしました。外へうちわを持ってすずみに行きました。今日はとても涼しいのでうちわはいらないくらいでした。稲がさらさら音を立てています。

とてもきもちよく感じられました。

お兄さんは、七時八時にもなっても帰って来ませんでした。明石へ野球のおうえんに行ったのです。私がねてから九時ごろに帰って来ました。

七月二十六日　金曜日（晴）

今日午後から「パン」のはいきゅうがありました。

一個三十六匁《もんめ》（一三五グラム）で、三十六銭でした。一人三個ずつでした。久しぶりに「パン」をいただいたのでほんとうにおいしいでした。私の家は五人家ぞくで十五個パンがあたりました。十五個あったパンを、一日で食べてしまいました。とてもおなかが張りました。私は、パンが一ばん大すきです。

七月二十七日　土曜日（晴）

今日は、久しぶりに大へん涼しいでした。夕方あまりに気持がいいので父と母と私とでさんぽに行きました。家を離れるほど涼しくなって来ました。山のふもとの家にでんきがつくと、まるでほたるのようでした。あしたは、くもりのような空でした。

そろそろ家へ帰りました。今日は、秋のように涼しいでした。

七月二十八日　日曜日（くもり）

今日おじさんと、おばあさんがまいづるからいらっしゃいました。久しぶりにおばあさんにあえてうれしく思いました。

今日だれか来たらいいのになあと思っていたらおばあさんが来たのでほんとうにうれしいでした。初めは、かたことと、げたの音がしたのでふりむいて見ると、おじさんとおばあさんが立っていらっしゃったので私は、びっくりしました。こんばんは、私の家でとまっていただきました。

七月二十九日　月曜日（雨）

昨日一日だけとまってかえったおばあさんも今日まいづるへお帰りになりました。

今日も一日雨でした。部屋の中でお兄さんと一しょに、本をよんだりお話をしていただきました。雨の一日でもほんとうに愉快でした。

おじさんとおばあさんは、まいづるへもう帰っているでしょうか。もう一度おばあさんにあいたいと思いました。

七月三十日　火曜日（雨）

今日も、ゆうべの大雨と風とではたけのやさいが、倒れていました。とくにトマトはむちゃくちゃになっていました。父が立てなおしても、じきにこけてしまいました。とり小屋のにわとりも、とまり木にとまって、ねむたそうにしていました。

もうあしたぐらいは、天気になるだろうと私は思いました。

七月三十一日　水曜日（曇）

今日は、母がいそがしくしていたので、私が、自分のようふくを二枚洗いました。

けさなしうりが二つと青うりが一つ取れました。なしうりは、とてもあまく、すかすかして、おいしいでした。夕食の後でいただきました。

毎日、こんなおいしいなしうりが食べたいと私は思いました。

八月一日　木曜日（晴曇）

今日九時ごろアメリカのB29が三十きほどへんたいをつくってやけ跡を見に来ました。ゆっくりゆっくりとぶひこうきの上からやけ跡を写真にうつしたでしょうか？

それとも、やけあとを、一生けんめい見たでしょうか。みんながめずらしそうにひこうきを見ました。先生も見られました。

八月二日　金曜日

今日は、学校へパンやきを作りました。

家へ帰ってしまいましたが、こうど《コード》がなかったのでアイロンのせんをいろ〱考えてしました。一回めはきれいに出来ましたが、二回めはパンの中がぢや〱でしたのでフライパンでやきました。岡先生にならった時は、とてもうれしく早く家へ帰ってやきたいと思いましたがかえってしたらやけてなかったので私はがっかりしました。

八月三日　土曜日（晴・曇）

丹波でおせわになったかつみさんがいらっしゃいました。「こんにちは」と声がしたので出て見ると、かつみさんが、にこにこ笑ってはいっていらっしゃいました。

昼からかつみさんと母と私とで西宮北口へえいがを見に行きました。えいがかんは、まるでむせるようなあつさでありました。かつみさんは去年の九月に復員されて、私たちに、大へんしんせつにして下さったのです。

八月四日　日曜日（曇晴）

今日は少し曇っていましたが、姉さんと兄さんは、六甲山へ植物採集に行きました。その後でお父さんの会社の社長さんと、姫路から叔父さんがいらっしゃいました。叔父さんは、ずいぶん家をさがされたそうです。畠に出来た黄色い梨瓜を食べていただきました。甘くて大へんおいしかったそうです。かつみさんが帰られるので、省線の伊丹駅まで、母と一しょに送って行きました。かつみさんは、「おいもが取れるころには、和ちゃんきっとおいでよ」といって汽車の窓から手を振りながら帰られました。

八月五日　月曜日（晴）

叔父さんは昨夜おとまりになりました。叔父さんは、お父さんの弟ですから、夜おそくまで親しそうに話しておられました。そして今朝帰られました。学校へ行きました。今日から植物採集を始めました。よもぎ、あれ地野菊、えのころ草、露草、みやまなでしこなどを新聞紙にはさんでおしをしました 。植物採集は、根・花・茎・葉・実も一しょにおして、毎日、新聞紙をとりかえるのだそうです。

八月六日　火曜日（晴）

今日は大へん暑いでした。

母に小布をいただいてお人形を作りました。初めは、頭を作りました。顔にしわのないように少し丸いくらいに作りました。次にどうを作りました。どうは、直ぐ出来ました。次に手と足を作りました。手の長さが四糎《センチ》、足の長さが五糎《センチ》、手のはばを五ミリ、足のはばを八ミリにしました。手と足をどうにぬいつけました。もも色の布で帽子を作ってきせました。洋服は赤と青のごばん目のでしました。スカートは黄色でしました。洋服とスカートの間に白いリボンをつけました。とてもかわいらしいのが出来ました。

八月七日　水曜日（晴）

今日も又とてもよいお天気でした。お母さんが今日は、とてもいそがしそうなので洗だく物にアイロンをあてました。夕方に庭のすみの笹をきって、七夕様をおまつりしました。はんしをきって、たんざくを作りました。畠に出来た茄子きうり、トマト、なしうりなどをそなえました。空は、すこし曇っていますが、月も星も出ています。時々少しの風が吹いて来て、笹の葉がさらさらと音を立てます。

八月八日　木曜日（晴）

学校へ行きました。算数のプリントに、字のはっきりしないきえかかった所を先生に教えていただきました。このごろは大へん暑いので電車の中も、人がこんでいる時は、むし暑くて息苦しいほどです。私はいつも、お昼前に家へ帰ると、汗でびっしょりぬれて、おなかがすいて、とてもしんどいです。今朝私の作った梨瓜が二つ取れました。夕食後皆でいただきました。「日がくれると、涼風が吹いて、だいぶ涼しくなって来たね。今日は立秋だったね」と、お父さんがおっしゃいました。

八月九日　金曜日（晴）

今日は、朝からしんどく何も食べたくありませんでした。べんきょうも少ししか出来ませんでした。ねころんでいると昼ねをしてしまいました。

おきてからは、少ししんどいのがなおりました。夕食も少しひかえめに食べました。夕食はごはんだったので少しばかりからだがしゃんとしたようでした。昼ねからおきてにわとりにえさをやりました。

八月十日　土曜日（曇）

今日は、宿題の図画をかきました。「夏」という字を、紙一ぱいに書いて涼しそうな絵を周りに書くのでした。

私は、川の上にうずまきをかいて、水草をかきました。赤とんぼをとばして、にゅうどう雲をかきました。「夏」という文字は薄い水色の色でぬって、こいい青でふち取りをしました。出来あがってから皆にみてもらうとき、「秋」のような感じがしました。

八月十一日　日曜日（晴）

今日は、朝からお父さんが、きうりをぬいて下さいました。なんきんの茎・葉を取って虫のいないようにしました。お母さんは、田んぼの草取をなさいました。暑い〳〵昼間のかんかんでりの時一生けんめいお母さんは草を、おぬきになりました。
　私は、家にいていつもの通り昼御飯のしたくをしたりべんきょうをしました。青いいねが三十糎《センチ》ぐらいにのびてきました。

八月十二日　月曜日（晴）

　朝早くからお母さんは神戸へおつかいに行きましたので、お昼は姉さんがだい用食を作りましたので、私も手つだいました。夕方、近くのお宮で盆おどりがありました。太この音が聞えて来ます。お母さんと姉さんと兄さんとで見に行きました。思い〳〵の美しいゆかたをきた人、ずぼんをはいた人、シャツ一枚の人、洋服をきた人達が太こに合わせておどりました。見ている人もなか〳〵大勢でした。空には美しい月が出ていました。お父さんも後から見にこられました。

八月十三日　火曜日（晴）

　今日がお盆なので、昨日仏様をきれいに掃除しておきました。朝、庭の花をきって立てトマトをそなえました。お母さんは夕方、おだんごを作って、おそなえになりました。ささやかながら心から仏様をおまつりしました。夕方親類の叔母様が廣ちゃんをつれてお見えになりました。叔母様は、葡萄をそなえて下さいました。今日は、お盆だったので夜おそくまでおきていました。叔母様と廣ちゃんは、おとまりになりました。

八月十四日　水曜日（晴）

　今日は、夕方に大きな南瓜が一つ取れました。八百め（三キロ）ほどありました。今まででも四つぐらい取れました。南瓜は大きなのを作ろうと思ったら、日のよくあたる風通しのいい所につくらないと大きなのはできないそうです。いくら出来が悪いといっても十い上は出来ると家でも思っています。
　冬になってもおけるほどたくさん取れたらいいなあと私は思っています。

八月十五日　木曜日（晴）

　丹波で長い間お世話になった大木さんの家へはかまいりに行きました。朝一番の汽車で行きました。一番の汽車は七時十一分の汽車でした。姉におくられて、母と一しょに行きました。七時十一分の汽車は、お盆なのでとてもこんでいて乗れなかったので八時五十七分で行くことにしました。この汽車は少しすいていました。すいていても三田《さんだ》あたりまでずっと立ちどおしでした。いくつもとんねるをとおって、やっと、丹波へつきました。今日は、終戦一周年き念日であった。

八月十六日　金曜日（晴）

　伏見宮博恭王殿下は、十六日、午前九時三十八分東京都で薨去《こうきょ》あそばされました。殿下は、六月ごろから御病気でした。日露戦争に従軍され黄海海戦で負傷せられました。色々のお役につかれ、大正十一年元帥になられました。御重体の時三陛下からぶどう酒を御下賜になりました。殿下の御殿は、戦災され三条公爵邸でさびしく御くらしになっていられたそうです。天皇陛下には三日間、宮中喪を仰せいだされました。御年は七十二歳でした。

八月十七日　土曜日（晴）

　お母さんが大阪へ行かれました。私もつれていって下さいといいましたが、大阪は、このごろコレラが、はやっているので子供は、行かぬ方がよいといわれましたからお姉さんとまっていました。お母さんが阪急でイーストをかって来てパンを作って下さいました。よくふくれたパンが出来ました。昨日から、野球が始まっているので、電車は、どれもこれも、まんいんだったそうです。台風が、近づいて来たそうで、今日の暑さは、又かくべつでした。お兄さんのシャツとくつ下を、洗ってあげました。

八月十八日　日曜日（晴）

お姉さんに教えてもらって、採集した植物を、画用紙に張りつけました。始めはなか〲出来ませんでしたが、だん〲上手に出来ました。
　台風は、今夜、夜中頃、本土へ上陸するとラジオで放送しました。夕方、お父さんと本屋へ行って、「夢を売るお父さん」をかって頂きました。どうしたのか、大へんしんどくて、早くねました。

八月十九日　月曜日（曇雨）

　今日は、朝のうちは、晴れていましたが新聞などでは台風が来るかもしれないといわれていました。けれども、お姉さんは、学校の作業で朝早くから出かけられました。
　今日は学校へ行く日で、私も行こうと思いましたけれども、昨夜しんどかったのが今朝になったら頭が痛くて起きられないので、今日は学校を、休みました。一日何もせず、ねていました。「お友達は、皆どうしているだろうなあ」と思って、今日学校へ行けなかったのが残念でした。

八月二十日　火曜日（曇）

　昨日一日ねたので今日は、もうなおったようです。今にも台風が来るかと思われるぐらい空が曇っていました。お母さんとお姉さんは、大阪の阪急へ買物に行かれました。パン焼器を買いに行かれたのですが、もの凄い人出で買えなかったと言って、お昼頃帰ってこられました。私がお昼の御飯ごしらえをしておいたので大へん喜ばれました。台風は、西九州をかすめて北上したそうです。

八月二十一日　水曜日（晴）

　今日はとてもよいお天気でした。昨日のお天気も、今日はすっかりよくなり青空の上天気でした。隣保の大掃除の日です。朝から母と兄と姉と私と四人でしました。畳をすっかりあげてたたき、ふき掃除をしました。本だなもかたづけました。私も一生けんめいお手伝いをしました。すっかりすむと汗びっしょりになりましたが家の中が美しく大へんさっぱりして気持がよくなりました。一生けんめい働くことは、大へん気持のよいものだと思いました。

八月二十二日　木曜日（晴）

　学校へ行く日でした。姉さんが、神戸の叔母さんの家へミシンを、かけに行ったので一しょに出かけました。学校では、自習しました。帰りに叔母さんの家へよって一しょに帰りました。長い間学校へ行かなかったので少しつかれたので早くねました。

八月二十三日　金曜日（曇雨）

　朝から空が曇っていました。大へん涼しかったので裁縫をしました。お母さんに布をもらって、かわいらしいエプロンを作りました。私に妹があったらさせてやりたいと思いました。お昼前に少し雨がふりました。遠くで雷が鳴りました。夕方、又空が急に曇って、雨がふりそうになりました。大急ぎで洗だく物を入れましたが、雨は、ふりませんでした。夜は大へん涼しくなりました。十一月から主食が増配になるということが新聞に出ていました。神戸にもコレラにかかった人が出て来ました。

八月二十四日　土曜日（曇晴）

　毎日暑い日がつづきます。雨がふらないので、茄子もトマトも枯れそうになりました。梨瓜も青瓜もかさかさに枯れてしまいました。わずかにのこったトマトが二つ三つうす赤く、茄子がはじけたような小さな実を、ところどころにつけていて、とうがらしだけは、細長いもえたつような真赤な実をたくさんつけています。畠の横の花壇に、黄色な花がたくさん咲いています。コスモスと石竹にまじっていたたねで名前はわかりません。コスモスは、私のせいよりも高くのびました。

八月二十五日　日曜日（晴）

　日曜日でお父さんもお休みです。お昼の代用食は、皆のすきなドウナツでした。久しぶりで大へんおいしくいただけました。お昼からお父さんと姉さんが神戸へ行かれるので私もつれていってもらいました。もと町（元町）へ行きました。だん〳〵家が建ちかけて町らしくなりかけていました。めがね屋さんと時計屋へ行きました。あずけてあったお父さんの時計のしゅうぜんが出来ていました。鉛筆を買っていただきました。五時半ごろ帰りました。

八月二十六日　月曜日（晴）

学校へ行きました。このごろ新聞に増配になることがかかれてあります。二合三勺、二合五勺、二合八勺、ある日は、三合など色々書かれてあります（一合は一八〇・三九立方センチメートル。勺は合の一〇分の一）。私の家では、八月に二日分のお米の配給がありました。御はんを食べたのは、二・三回であとは、代用食ばかりでした。やさいでは、茄子、きうり、南瓜、トマト、じゃがいも、青瓜、などを食べました。お魚は、一度だけ配給がありました。そのほかに、肉とくじらが一回ずつありました。お母さんは、毎日食事の仕たくに大へん骨がおれるそうです。

八月二十七日　火曜日（晴）

朝早く主食の配給を、姉さんと、取りに行きました。今日はグリンピースと、つかない麦でした。「これでは、どうも……」とお母さんは、お隣のおばさんと一しょに粉屋さんへ行かれました。お昼過ぎにやっと帰ってこられました。

学用品を、せいとんしました。八月中の主食の配給量をしらべました。

八月二十八日　水曜日（雨晴）

目がさめると雨がふっていました。久しぶりの雨に草も木も、田も畠も、思うぞん分ぬれて、いかにも喜んでいるように見えます。お百姓さんは、「今一度雨がふったらよいのに」と、いっていたときですから、どんなに作物によいかわかりません。昼まで涼しかったので習字をしました。午後はからりと晴れて暑くなりました。

八月二十九日　木曜日（晴）

学校へ行く日でした。

今日は、お話をして上げるといって、よその学校からお二人の先生がお見えになりました。この先生は、お話やかみしばいの上手な先生でした。お話の後でかみしばいをして下さいました。一年生から六年生まで皆聞きました。かわいそうな所やおも白い所がたくさんありました。先生は、「又いつかきて、お話をしてあげます」と、いって帰られました。今日は、一日ほんとうに愉快でした。伊丹へ本をかいに行きました。

八月三十日　金曜日（晴曇）

今日は、晴れたり曇ったりとても涼しかったので、私は、自分の洋服を洗いました。お母さんが「お風呂をわかしますから水を入れて下さい」と、おっしゃったので、私は、お姉さんと一しょに水を入れました。

にわとりにえさをやりました。「よくてつだってくれたね」といって、一番のお風呂へはいりました。とてもよい気持がしました。

八月三十一日　土曜日（晴曇雨）

長い夏休みも、もうすみました。夏休みの間、家では重い病気にかかった人は、一人もありません。昼から庭のすみにある草をぬいたり、草をかったり、どぶそうじをしたり、おそうじをしました。夕方に少し雨がふりました。今日で夏休みのしゅくだいを皆仕上げてしまいました。しゅくだいを皆したのでほっとしました。九月二日から二学きが始まります。二学きこそうんとがんばろうと私は思っています。

（旧字は新字に、旧仮名遣いは新仮名遣いに改めた。また誤字を正し、脱字やおくり仮名を補ったところがある。）

あとがき

山中和子

平成十三年春、トランスビューの中嶋廣氏より『昭和廿一年八月　絵日記』（私家版）を、市販本として出版することのおすすめがあり、ただただ驚きました。

その後、時の経《た》つうちに、運命的なものを感じるようになりました。

この『絵日記』を書いた前年、私は、丹波《たんば》のある地方に疎開《そかい》しておりました。当時は都会から来たという偏見で疎外され、友人ができなかった苦《にが》い経験の後であったので、より一層、母校に帰りたい気持ちが強く、父のつごうで伊丹《いたみ》へ移ってからは、一時間ほどかかる神戸の母校へ越境通学となりました。ちょうど夏休みのこととて近くに親友もいないため、日記の中には友人のことはまったく書いてありません。

当時住んでいた伊丹は、まだまだ田園地帯で、今でいう一坪農園のようなものに、稲を植え、母がその草取りをし、家族中でお米の稔るのを楽しみに待ったものです。

『絵日記』には、ことさら食べものの記述が多く、私自身、口にするものに異常な関心と欲望があったことを思い出します。

当時、父は雑誌『ライフ』をよく読んでおり、私はその中にある果物とかお菓子の写真や絵を、何度も何度も見たものです。とくにゼリービーンズの鮮やかなカラー写真を見たときは、目が釘づけとなり、一生あのようなものは口にできないだろう、でも食べてみたいと子供心に思ったものです。

『絵日記』の中の多くの誤字、当て字を、なんとしましょう。ですがこれも、当時の私そのままを残していると思っております。

このたび、この『絵日記』を出版するに当たりまして、養老孟司先生に解説を頂き、高麗隆彦先生に装幀をお願いすることができました。これは私にとりまして望外の喜びであります。紙上をお借りして、深く感謝とお礼を申し上げます。

平成十三年六月

私家版のあとがき

この絵日記を書いた時、私は、神戸市立高羽《たかは》小学校に在学して居りました。

衣食住すべてが貧しい時代でしたが、不思議に辛い思い出はなく、皆が耐え抜いたように思います。あれから五十四年経ち、世の中は豊かさに満ちあふれています。豊かさ故の弊害もあります。がそれは云いますまい。

この冊子を当時の私と同年齢である孫の篠田陽哉、晴哉の両人に贈り、西暦二千年と結婚四十年の記念とします。

最後になりましたが、色々と御助言下さいました暮しの手帖社の北村正之氏に心より感謝と御礼を申し上げます。

平成十二年八月

解説　「あの時代」の意味

養老孟司

いまでは、そういう時代もあった、というしかない。

この日記が書かれた年に、私は著者より二つ年下で、小学校三年生だった。だからというべきか、ところがというべきか、この時代の記憶は鮮明に残っている。些《さ》細《さい》な違いを言い立てるなら、昭和二十一年に、私の家では、母親がデパートに買い物に行ったりすることはなかった。デパートなどというものが、この世にあるという知識も関心も私にはなかった。母は開業医で忙《いそが》しかったから、それで当然であろう。しかも鎌倉の町の中でも、牛馬がまだ多かった。本を読みながら道を歩いて、なにかにぶつかったから顔を上げると、目の前に馬の長い顔があった。飼《か》い葉《ば》桶《おけ》に躓《つまず》いたのである。いまとなっては、そんなできごとが私の人生にあったとは、ほとんど信じがたい。

著者の生活と私の生活、それは住んだ土地の違いであろう。そこでいちばん大きなことは、関西は古くからの都市だということに尽きる。ほとんどの読者は、それを信じないと思う。いまでは東京があまりにも大きな都市になったからである。しかし関東は貧しく、結局はやはり新興都市だというのが、以来六十年近くを生きた私の正直な印象である。

戦後のあの時代に、なにか売るべき商品がデパートにあったか、それは知らない。しかしそれでも著者の母はデパートに行く。そこではともあれ、市民生活が機能していたのである。著者には、この絵日記を書くクレヨンがよくあったものだ。それがじつは私の最初の印象だった。このころの私の知っている店といえば、鎌倉の大通り、若宮大路《わかみやおおじ》に並んだ闇市《やみいち》だけである。夏休みの最初の日に、グリム童話集を買ってもらうという記事が書かれている。これが古本ならわかる。私はほとんど古本しか買ってもらった覚えがない。お金がないのではない。本がなかったのである。これが新刊なら、たぶん関西と関東の出版事情の違いかもしれない。

この日記を見ていると、過去のさまざまなことが思い出されてくる。この時代から考えるなら、現代はほとんどＳＦというしかない。いま私はＣＤをかけながら、この原稿を書いている。この日記の時代なら、手回しでレコードをかけていたであろう。「かける」という動詞を、ＣＤに使えるのだろうか。そんなことすら考えてしまう。

いまの子どもたちは、どういう夏休みを送るのであろうか。十五個のパンを五人家族が一日で食べてしまい、それが夏休みの日記になる生活、そのときにバターがあったか、ジャムがあったかを、いまの若者たちは考えるだろうか。「私の作っている畠」で青ウリをとって食べる。その香りと味がわかるだろうか。

いったいわれわれは、「子どもたちのために」どのような生活を目指してきたのか。あるいはそんなことは、まったく考えずに来たのか。関西の町で小学生が八人、乱心した男に殺された。われわれはそういう社会を作ろうとしてきたのか。

経済は大発展した。お金と原料と消費すべきエネルギーがあれば、確かに建造物や製品ができる。ではそこにできたものに、どのような人間的価値が含まれているのか。その価値を、だれがどのように測り、評価してきたのか。

金と物資とエネルギーを投入すれば、なにかができて当然ではないのか。それは金と物質とエネルギーが、製品に形を変えただけ、右のものが左に移っただけではないのか。人間の営為とは、そういうことか。

私が研究者として暮らしてきた、この日記の後の数十年、研究費がないことを私はこぼしてきた。いまではその貧しさが、あるいは幸せだったかと思っている。四万十川《しまんとがわ》の流れる高知県のある町の町長に、本州のある町の町長がいったという。「あなたの町では、河を自然のままに保存して、偉かったですな」。高知県の町の町長が答えた。「いや、高知県は金がなかったから、何も工事ができなかっただけのことですよ」。

お金がなかったおかげで、私は研究者として大した業績をあげる必要もなく、身体を使って、とりあえずできることをやり、あとはただボンヤリものを考えていればよかった。億単位の研究費を遣《つか》い、報告を出し続け、それが止められないいまの人たちは、どう思っているのだろうか。あまりにも奇妙なことに、そうした人たちの「業績」を私が評価させられる羽目《はめ》になったりしている。生き続けていると、世の中には奇妙なことが起こるものである。

台風や身近な植物が話題になり、人工物の精華といえば、たかだか時計とメガネと原始的なパン焼き器、それがあるいは幸福な時代だったか。逆にそう思ってしまうような時代を、われわれはひたすら作り上げてきた。中学生でいじめにあった人が、後になって当時の日記をまとめた本を読んだことがある。それがこの日記といちばん違うところ、それはここにはオオバコや青ウリやカボチャや台風や、果てはエノコログサまで出てくるが、いじめに関する日記には、人間のことしか書いていない、そのことである。

子どもたちの世界は、いわば人間関係で完全に覆い尽くされてしまった。それはつまり子どもの世界までが完全にサラリーマン化されたということだが、多くの親はそれを認めないであろう。それでなにが悪い。みんながそうしているじゃないか。そう思っているに違いないからである。しかし子どもには、なんの「勤め先」があるわけではない。子どもが気にすべきことは、かならずしも人間関係ではない。なぜなら子どもは自然に属するものだからである。幼稚園児の頃、私は家の前の路地で、犬の糞に集まる虫をしゃがんで見ていた。それが子どもの生活であろう。

じつは明治以降の日本社会の歴史とは、滔々《とうとう》たる都市化の歴史だった。江戸時代の都市といえば、京都、大阪、江戸だが、その裏には同時に草深い田舎があった。荻生《おぎゅう》徂徠《そらい》の父親は将軍綱吉《つなよし》の侍医《じい》だったが、綱吉の不興を買い、千葉県に流されている。千葉が流刑《るけい》先だったのである。そう思えば、『楢山節考《ならやまぶしこう》』の世界は遠い昔ではない。江戸時代が都市と田舎の共存だったとすれば、明治以降はただひたすら日本は社会全体として都市化した。それを近代化、文明化、西欧化などと呼んだのである。

この日記に書かれた以後の時代、つまり戦後はどうか。さらに都市化が続いた。今度はそれを平和と民主主義、高度経済成長、アメリカ化などと呼んだ。そうした表現はすべて都市化のある局面を言い表したものに過ぎない。たとえば平和とは、都市のものである。この日記が書かれた頃、私はサツマイモとカボチャだけを食べていたという記憶がある。戦争の影響で物流が止まり、まだそれが回復していなかった。だから都市には食物がなかった。平和でなければ、都市は維持できない。まず物流が止まるからである。そんなことは鴨長明《かものちょうめい》の時代にすでにわかっている。京都の飢饉《ききん》に触れた『方丈記』の記事には、「都のものはすべて田舎を源にするものにて」とある。

経済成長もまた、商工業者によって作られる都市のものである。そもそも都市とは、物資をとりいれ、エネルギーと人力を消費して製品を加工し、つまり付加価値をつけ、それを売って生きる。現代日本には、年間十億トンに達する物資が輸入される。それを加工して売ることにより、われわれは高度成長を達成した。日本全体が都市になり、「日本の田舎」は東南アジアやアフリカ、中国の奥地まで遠のいた。

そうした都市化は、庶民のレベルから暗黙に希求《ききゅう》されていた。私の住んでいた鎌倉では、戦後まもなく商店街の一部が「鎌倉銀座」になった。政府が銀座を日本中の町に普及せよと号令したわけではない。もはや田舎には住みたくない。それが「銀座」という呼称が日本中に流行した理由であろう。要するに戦後の「発展」の真意は都市化だったのだが、それがちゃんと庶民にも感覚的に「わかっていた」のである。だからどの町にも「銀座」ができたのである。

それなら戦前の歴史はどうか。これもまさに都市化だった。戦後とは、じつは戦前の都市化の素直な延長である。竹久夢二《たけひさゆめじ》のようなマルチ・タレントが出現し、ポスターという形でコマーシャルがはじまり、自家用車が導入され、エノケンが「狭いながらも楽しい我が家」つまりマイ・ホーム主義を唱いあげるのは、大正時代である。戦後とは、それが延長しただけである。

それなら戦争とはなんだったのか。都市化を妨げるさまざまな要因、それが引き起こした「雑音」である。歴史の筋書きが都市化なら、戦争はまさに雑音に他ならない。だからその雑音が消えると、戦後はふたたび、ひたすらなる都市化の歩みに戻った。だからこそ「高度経済成長」なのである。田舎に経済成長はない。日本とドイツの戦後の復興は「奇跡」と呼ばれた。べつに奇跡ではない。戦争のおかげで、都市化への妨害要因が消えただけである。

戦争中の標語に「石油の一滴は血の一滴」というのがあった。石油が切れたら、戦闘機も飛ばないし、軍艦も動かない。そういう意味でいわれたのだが、じつはあの戦争が石油と切っても切れないことは、だれでもわかっていた。いまでもわかっているはずである。対米戦の直接の契機は、石油の対日禁輸だった。都市はエネルギーをひたすら消費する。そのエネルギーを止められたのである。ひたすら都市化しようという社会が、エネルギーを止められたのでは、話にならない。だから戦争になった。

戦後の批判に、日本は大きな戦略を欠いた、という説がある。南方地域を占領した後、なにをしていいか、わからなくなった。それは戦略がなかったからだ、というのである。そこで余計なミッドウェイなどに手を出し、敗因を作った。

戦略がなかったわけではない。私はそう思う。戦略が意識化されていなかっただけのことである。あの戦争は、じつは南方の油田地帯、現在のインドネシアの油田を確保した段階で、「戦略的に終わっていた」のである。暗黙の戦略が達成されたのだから、戦争の目標を見失って当然である。エネルギーを確保し、資源を確保したら、することがない。戦史を書く著者たちもまた、それに気づいていないだけのことであろう。だから真珠湾攻撃やミッドウェイ海戦のような、各個の戦闘について詳細に記す。戦略眼がないとは、むしろそのことである。そんなものは、都市化という歴史の本筋からすれば、じつは雑音に過ぎない。この前の戦争は、パレンバン空襲、占領で戦略的には「終わった」のである。

古代都市では、都市化に利用できるエネルギーは木材のみだった。だから地中海沿岸、中近東、インド、中国という、いわゆる四大文明圏は、いまではただの荒れ地である。森林を切り尽くしたからである。その一つ、古代ヘレニズム文明の大都市に、北方の蛮族が侵入する。ローマ帝国はその結果滅びる。その後の数百年を中世という。やがてその蛮族たちが、自前の都市化を開始する。それを歴史家はルネッサンスと呼ぶ。だから中世以降、アルプスの北では、ただひたすら森林の喪失が続く。それしかエネルギー源がなかったからである。おかげでヨーロッパ大陸全体を覆っていた大森林が、十九世紀にはほぼ消失する。

木を切り尽くして、最初に難儀をするのは、島国だった英国である。従ってそこから石炭の採掘がはじまる。その頃は露天掘りだから、井戸と同じで水が溜まる。それをくみ出すためにポンプを利用する。そのポンプに蒸気機関を応用した。それが産業革命の始まりである。やがて石油が発見され、あとはいわゆる近代文明つまり現代の都市化が一直線に進む。技術の進歩によって、安価な石油が大量に供給されるようになったからである。石油と原発が現代都市を支える。

戦後の世界では、すべての大陸で都市化が進行する。それを支えているのは、もはやもちろん木材ではない。安価な石油である。石油が切れれば、都市化は止まる。それだけのことであろう。十五年前までは、石油の枯渇の可能性が議論されていた。いまではむしろ炭酸ガスの排出のほうが問題になっている。資源の限度ではなく、ゴミの限度が先に来たのである。

都市化とはつまり脳化である。ここ二十年、私はひたすらそれを述べてきた。環境問題の表面化で、その都市化にようやくブレーキがかかりはじめたようである。しかし社会思想の変化は、実態の変化に遅れる。なぜなら思想とは情報として伝えられるもので、情報はその本質として停止しているからである。ニュースはつねに「済んでしまったこと」を伝える。そんなことはない。これから起こることも伝えるではないか。予定されたこととは、真の未来ではない。確実に予定されていることが、じつは現在なのである。それ以外に「現在」を定義することはできない。ただいまの一瞬という意味での現在は、実態を持っていない。瞬間に実態はないからである。

写真はその一瞬を伝える。それが「事実」だと都市の民は信じる。その事実とは、つねに手遅れである。もはや済んでしまっているからである。「科学的」な医学は、患者さんの身体の科学的データをとる。それがいわゆる検査である。検査の結果は一週間後に出ます。医者はそういう。では検査の三日後に心筋梗塞か脳卒中で死んだら、検査結果はどうなるのか。四日目に火葬が済んでしまえば、すべての検査結果はゼロである。

脳化した世界では、すべては情報化する。つまりすべてが停止する。そこで生きようとするのは、たいへんむずかしい。生きることとは、ひたすら変化することだからである。仕方がないから、人々はいう。自分は変化しないが、情報は毎日変化するのだ、と。それは間違っている。今日報道されたニュースは、百年後であっても再現可能である。ビデオにとっておけばいい。しかしニュースを報道しているアナウンサーは、百年後には確実に死んでいる。情報であるニュースは固定しているが、人は生き、ひたすら変化し、いずれ死ぬ。都市とはそれを認めない世界である。だから「情報は変わるが、俺は俺だ、変わらない」と強情を張るのである。

ヒトの脳のもっとも特徴的な機能は、意識である。その意識は「俺は俺だ」という。つまり「変わらない」ことを主張するのである。

なぜか。ヒトの脳の機能はさまざまである。乱暴にいっても、五感から運動までである。そうしたまったく異質の活動が、一つの脳の中で行われている。それならなぜ脳機能はバラバラにならないのか。だからこそ、ヒトの巨大な脳では、とくに強い意識が発生したのであろう。意識はいっさいの根拠を無視して、「俺はいつでも俺だ」と主張する。それが自己同一性である。意識がまさにア・プリオリ（先験的）にそれを主張するからこそ、われわれの巨大になった脳が、一つのものとして機能するのである。

言葉とはその自己同一性の産物である。なぜならすべての言葉は違うにもかかわらず、意識はそれを同一だと主張するからである。あなたの書くリンゴという文字は、私の書くリンゴという文字と違う。それなら「唯一の正しい」リンゴという表記は、どのようなものか。そんなものはありはしない。たとえ活字であれ、虫眼鏡で見てやれば、かすれ方が違うであろう。しかもどの活字の字体を「正しい」とすればいいのか。

リンゴという発音もまた同じである。すべての人のリンゴという発音は、かならず異なる。それなら唯一の正しいリンゴという発音はない。にもかかわらず、われわれはリンゴはリンゴで「同じ」言葉だと信じる。それはつまり自己同一性と「同じ」ことだと気づくであろう。

生まれてから現在に至るまでの自分、そこに「同じ」自分などない。ただひたすら変化してきたからである。情報化した都市社会は、それを認めないことで成立している。なぜなら都市とは脳化であり、つまり意識の産物だからである。意識はつねに「同じ」を主張するものなのである。しかし、外界の事物はすべてそれぞれ異なる。「同じ」とは、脳の中にしか存在しないのである。

右の議論を、どこかで聞いたような、と思う人もあろう。ギリシャ哲学である。古代ギリシャはすでに都市社会であったから、市民はこの種の問題に気づいていた。プラトンのイデアとは、まさに「同じリンゴ」を指している。具体的などのリンゴも、リンゴとして完全ではない。なぜなら具体的なリンゴは外界の事物としてのリンゴだから、かならず個性を持ってしまう。それではリンゴの普遍《ふへん》的定義から外れる。仮に赤いリンゴなら、青いリンゴではない。したがって赤いリンゴは不完全なリンゴである。青いリンゴを含まないからである。だからプラトンは普遍的なものとしてのイデアの実在を主張し、個々のリンゴはイデアが不完全に具現《ぐげん》されたものと考えた。他方アリストテレスは、個物の実在を主張した。プラトンは脳の中を実在だといい、アリストテレスは脳の外を実在だといったのである。その意味ではプラトンのほうがより都市の民であろう。

近代文明が古代文明より進歩したわけではない。都市は脳化社会であって、それは人間が作りたがるものなのである。作るほうの人間の脳は、千年単位ではほとんど変化しないから、都市はいつでも都市である。それが「同じ」ように見えるのは、意識が作るものである以上、当然であろう。意識こそが「同じ」の根元だからである。

そうした世界は完成に近づくほど、生きにくくなる。その理由は右に述べてきたとおりである。この日記に描かれた時代は、その都市化が一休みした時期なのである。だから食料は不足し、デパートに買うものがなくても、人々はかならずしも不幸ではなかった。もちろん家族を失い、生き甲斐を失い、自殺する者も多かった。しかし生きること、つまり変化することは、むしろ満たされていたのである。

現代の社会は閉塞《へいそく》状況だと人々はいう。意識の世界は閉塞する。すべてが固定するのだから閉塞しない方がおかしい。その方が安全快適だと思ったから、そうしたのであろう。それなら閉塞状況に満足するしかない。もしヒトが意識だけで生きるようにできていなければ、そうした状況はいずれ壊《こわ》れる。そのときには、この日記に描かれたような時代が戻ってくるはずである。私が生きている間にそれが起こるかどうか、それは知らない。

（二〇〇一年七月一日）

昭和21年(1946年)とは

月 日	で き ご と
1. 1	天皇、神格化否定の詔書。
1. 4	ＧＨＱ、軍国主義者の公職追放および超国家主義団体27の解散を指令。
1. 10	国連第１回総会、ロンドンでひらく。 **1.12** 安全保障理事会成立。
1. ―	東京の闇市露店６万店に達する。
2. 17	金融緊急措置令・日銀券預入令各公布（新円を発行、旧円預貯金は封鎖）、即日施行。
〃	食糧緊急措置令（主食供出に対する強権発動を規定）・隠匿物資等緊急措置令各公布。
2. 28	米国映画「キュリー夫人」「春の序曲」封切（入場料金10円）。
3. 6	政府、憲法改正草案要綱を発表（主権在民・天皇象徴・戦争放棄を規定）。
3. ―	高見順「わが胸の底のここには」、宮本百合子「播州平野」、雑誌連載始まる。
4. 10	新選挙法による第22回衆議院議員総選挙。
4. 22	漫画「サザエさん」（長谷川町子作）、『夕刊フクニチ』に連載開始。
4. ―	坂口安吾「堕落論」、野間宏「暗い絵」、雑誌連載始まる。
5. 1	第17回メーデー（11年ぶりで復活、宮城前には50万人参集）。
〃	広島・長崎に白血病患者ではじめる。
〃	ラジオ歌謡放送開始。
5. 3	極東国際軍事裁判所開廷。
5. 19	飯米獲得人民大会（食糧メーデー）、大会代表が首相官邸にすわりこみ。
5. 22	第１次吉田内閣成立。
5. ―	鶴見俊輔・鶴見和子・都留重人・渡辺慧ら、『思想の科学』（第１次）を創刊。
6. 25	吉田首相、衆議院で「憲法第９条は自衛権の発動としての戦争も交戦権も放棄したもの」と言明。
7. 1	米国、ビキニ環礁で原爆実験。
8. 30	中野で配給の小麦粉により5000人中毒。
10. 8	文部省、教育勅語捧読の廃止、勅語・詔書の謄本などの神格化廃止を通達。**翌年6. 3** 文部省、学校における宮城遙拝・天皇陛下万歳・天皇の神格化的表現の停止などにつき通達。
11. 3	日本国憲法公布。
11. 16	政府、当用漢字表（1850字）および現代かなづかいを告示。**翌年 4. ―** 当用漢字・現代かなづかいを適用した国定教科書を使用開始。
12. 21	南海道大地震。近畿・四国地方に死者1330人、全半壊２万戸。
この年	「啼くな小鳩よ」「東京の花売り娘」、流行する。
〃	全国中等学校優勝野球大会（西宮）、６大学野球、プロ野球リーグ戦等復活。
〃	発疹チフス空前の大流行、患者３万 2366 人（死者 3351 人）、天然痘死者 3029 人、コレラ死者 560 人。ＧＨＱ、ＤＤＴを大量・強制散布（流行、急速に終息）。
〃	簡易電熱器（渦巻ニクロム線付）、家庭の必需品となる。

岩波版『近代日本総合年表』第３版より、主要な出来事に絵日記に関わりのある事柄をおりまぜて編集部が作成した。

著者

山中和子（やまなか かずこ）

1935年、神戸市に生まれる。昭和19年(1944) 9月より学童集団疎開で岡山県落合町へ。翌20年(1945) 6月、神戸の家が空襲で罹災のため疎開地を去り、丹波地方に遠縁を頼り母親と二人で転居。同年8月終戦を迎え、翌昭和21年(1946)神戸の高羽小学校へ戻る。鷹匠中学校、県立神戸高校に在学中の6年間、新制作派協会の小松益喜氏にデッサン、油絵の指導を受ける。1959年、女子美術大学芸術学部洋画科を卒業。1960年より岡山県に在住。

解説者

養老孟司（ようろう たけし）

1937年鎌倉生まれ。東京大学医学部教授を経て現在、北里大学教授。人と世界の見方に根本的な転換を迫る「唯脳論」を唱え、その衝撃は『解剖学教室へようこそ』(筑摩書房)、『中学生の教科書』(共著、四谷ラウンド)、またTVの昆虫採集番組などを通して年少の世代にも伝わる。著書に『唯脳論』(青土社)、『日本人の身体観の歴史』(法蔵館) 他多数。

本書は、暮しの手帖社とソマード社が編集・制作した『絵日記』(私家版) に、新たに解説等を付して編集し直したものです。

昭和二十一年八月の絵日記

2001年8月10日　初版第1刷発行
2011年7月15日　初版第3刷発行

著　者　山中和子
発行者　中嶋　廣
発行所　株式会社トランスビュー

東京都中央区日本橋浜町 2-10-1-2F
郵便番号　103-0007
電話　03-3664-7334
URL　http://www.transview.co.jp
振替　00150-3-41127

組製版 ㈱ソマード　印刷・製本 ㈱シナノ

ISBN4-901510-01-0　C0036

Printed in Japan